¡Aprende a leer, paso a paso!

Listos para leer   Preescolar–Kínder
• letra grande y palabras fáciles • rima y ritmo • pistas visuales
Para niños que conocen el abecedario y quieren comenzar a leer.

Leyendo con ayuda   Preescolar–Primer grado
• vocabulario básico • oraciones cortas • historias simples
Para niños que identifican algunas palabras visualmente
y logran leer palabras nuevas con un poco de ayuda.

Leyendo solos   Primer grado–Tercer grado
• personajes carismáticos • tramas sencillas • temas populares
Para niños que están listos para leer solos.

Leyendo párrafos   Segundo grado–Tercer grado
• vocabulario más complejo • párrafos cortos • historias emocionantes
Para nuevos lectores independientes que leen oraciones simples
con seguridad.

Listos para capítulos   Segundo grado–Cuarto grado
• capítulos • párrafos más largos • ilustraciones a color
Para niños que quieren comenzar a leer novelas cortas, pero aún
disfrutan de imágenes coloridas.

STEP INTO READING® está diseñado para darle a todo niño una
experiencia de lectura exitosa. Los grados escolares son únicamente guías.
Cada niño avanzará a su propio ritmo, desarrollando confianza en sus
habilidades de lector.

Recuerda, una vida de la mano de la lectura comienza con tan sólo un paso.

A Zachary, que le gustan los bichos
—G.B.K.

Text copyright © 1954, renewed 1982 by Penguin Random House LLC
Cover and interior illustrations copyright © 1999 by G. Brian Karas
Afterword copyright © 1999 by Leonard S. Marcus
Translation copyright © 2022 by Penguin Random House LLC

Step into Reading, LEYENDO A PASOS, Random House, and the Random House colophon are registered trademarks of Penguin Random House LLC.

Visit us on the Web!
StepIntoReading.com
rhcbooks.com

Educators and librarians, for a variety of teaching tools, visit us at RHTeachersLibrarians.com

Library of Congress Cataloging-in-Publication Data
Brown, Margaret Wise, 1910–1952.
I like bugs / by Margaret Wise Brown ; illustrated by G. Brian Karas ; with an afterword by Leonard S. Marcus.   p.   cm. — (Step into reading. A step 1 book)
Originally published: New York : Golden Books, c1999.
Summary: In brief rhyming text, lists all the types of insects the narrator likes.
[1. Insects—Fiction.   2. Stories in rhyme.]
I. Karas, G. Brian, ill.   II. Title.   III. Series: Step into reading. Step 1 book.   PZ8.3.H848 Ph 2003
[E]—dc21   2002013565

ISBN 978-0-593-42887-0 (Spanish trade edition) — ISBN 978-0-593-42888-7 (Spanish lib. bdg.) — ISBN 978-0-593-42889-4 (Spanish ebook)

Printed in the United States of America

10 9 8 7 6 5 4 3 2 1

First Spanish Edition

Me gustan los bichos

Margaret Wise Brown
ilustrado por G. Brian Karas
traducción de Juan Vicario
con una nota de Leonard S. Marcus

Random House 🏠 New York

Me gustan los bichos.

Los bichos negros.

Los bichos verdes.

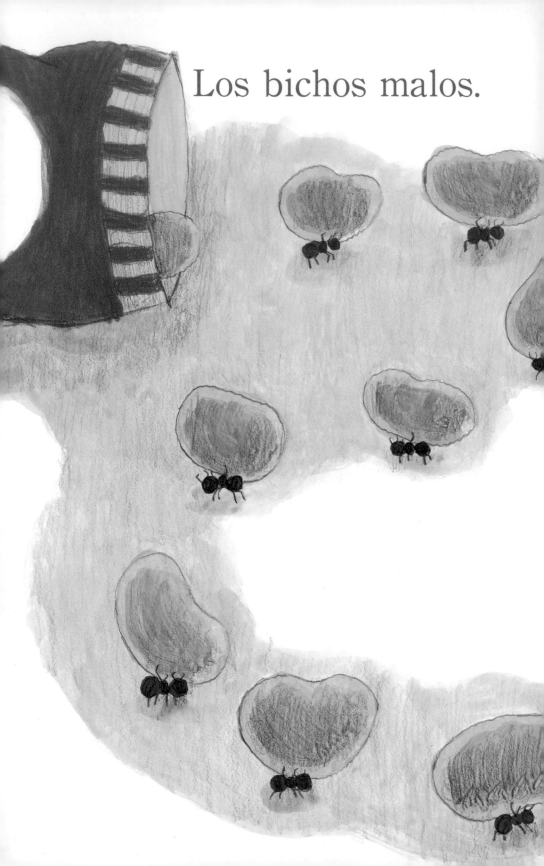

Los bichos malos.

Los bichos terribles.

Cualquier tipo de bicho.

Un bicho

en una alfombra.

14

Un bicho en el césped.

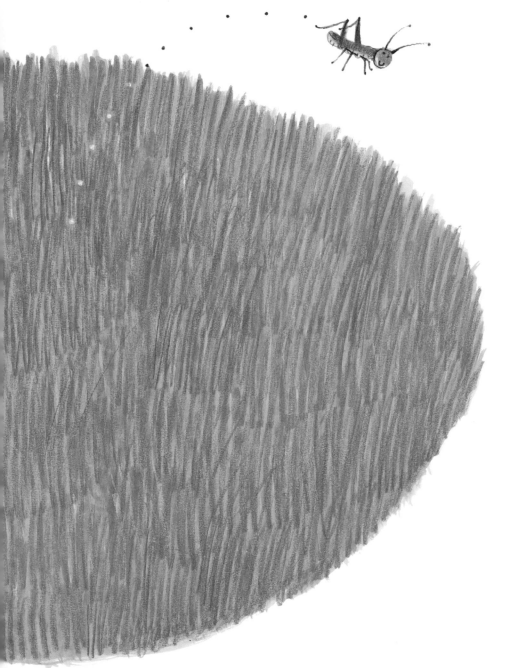

Un bicho en la acera.

Un bicho en un vaso.

Me gustan los bichos.

Los bichos redondos.

Los bichos brillantes.

Los bichos gordos.

Los bichos raros.

Los bichos grandes.

Los bichos con lunares.

Me gustan los bichos.

Acerca de la autora

A Margaret Wise Brown le gustaban los bichos.

Durante los veranos de su infancia, le gustaba atrapar luciérnagas al anochecer. Margaret y su hermana menor, Roberta, traían a estos mágicos bichos a casa y los miraban centellear como estrellas hasta quedarse dormidas. ¡Un espectáculo de estrellas en un frasco!

A Margaret le gustaba escuchar a los bichos. Como autora, recreó los sonidos que hacen los bichos —el *bzzzzz* de las abejas y el *cri, cri* de los grillos— en sus cuentos y poemas. En *The Country Noisy Book,* ella astutamente

insinúa que cuando el katylohizo –un insecto parecido al grillo– frota sus alas para emitir su propio chillido agudo, éste nos cuenta una historia. *Katylohizo katynolohizo katylohizo katynolohizo.*

A Margaret también le gustaba observar a los bichos. Con sus perspicaces ojos verde grisáceos, veía los colores y las formas de los bichos a su alrededor. Veía el estampado de lunares de las mariquitas y el resplandeciente abdomen de los escarabajos.

En *Me gustan los bichos,* nos cuenta acerca de muchos tipos de bichos: bichos negros, bichos verdes, bichos malos, bichos terribles. ¿Te has encontrado con un bicho malo? ¿Crees

que te gustaría encontrarte con uno?

Sobre todo, a Margaret Wise Brown le gustaban los bichos porque son bichos: son parte de nuestro mundo y parte del «silvestre mundo verde» de la naturaleza.

¿Qué tipo de bicho es tu favorito?

—Leonard S. Marcus

Leonard S. Marcus es un reconocido biógrafo e historiador, y el autor de Margaret Wise Brown: Awakened by the Moon.